AF261450

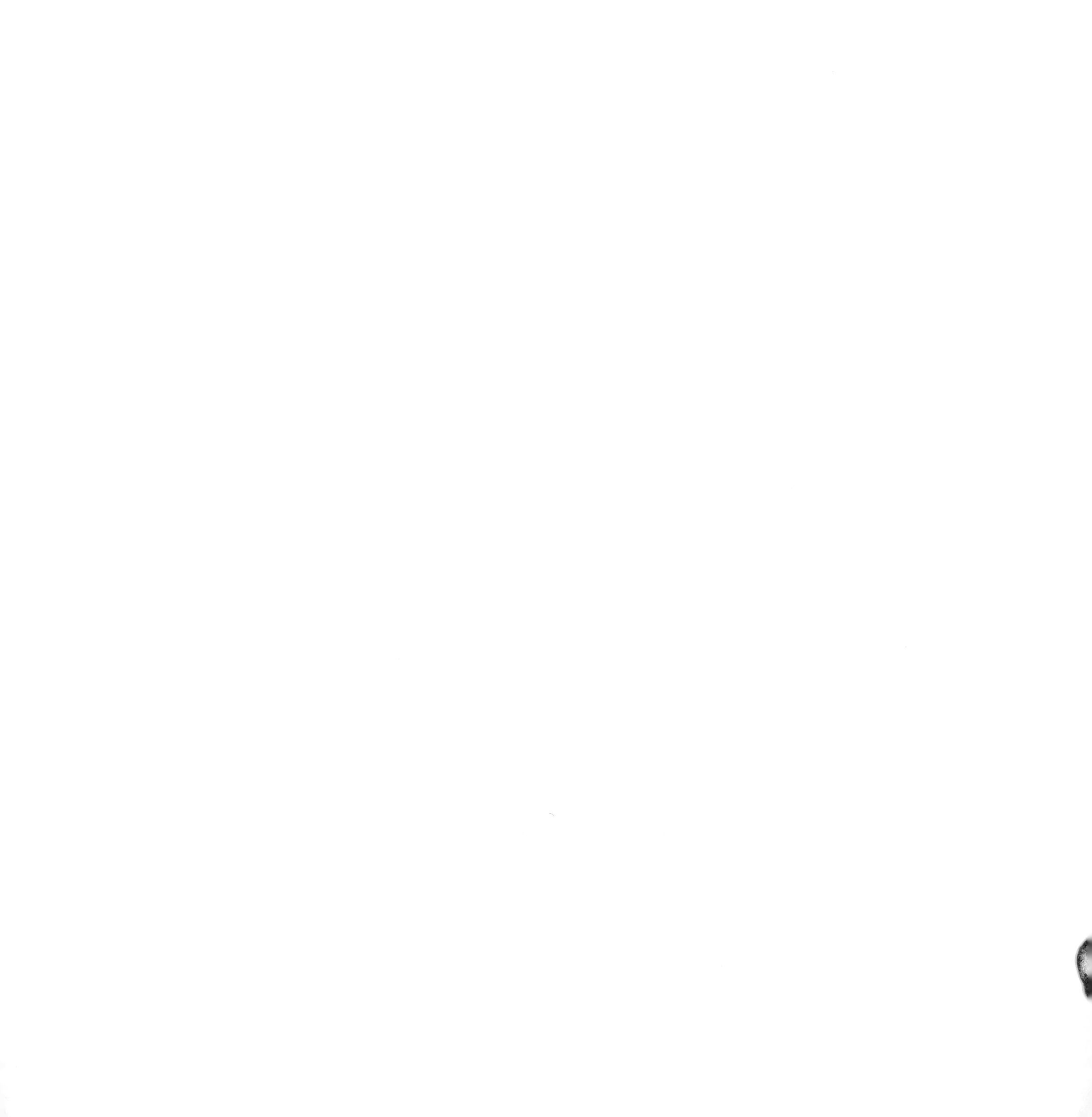

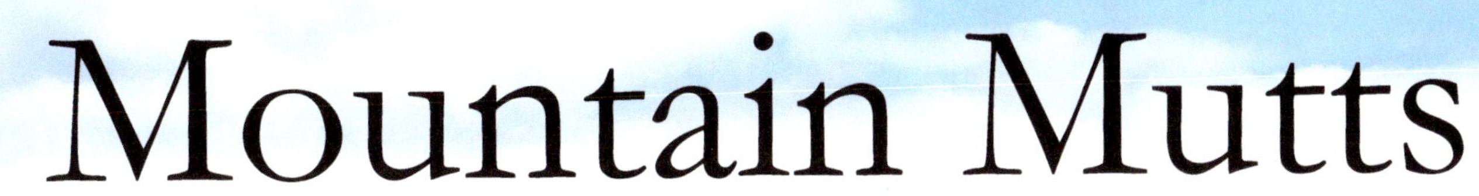

Mountain Mutts

Joy's Tale / El cuento de Joy

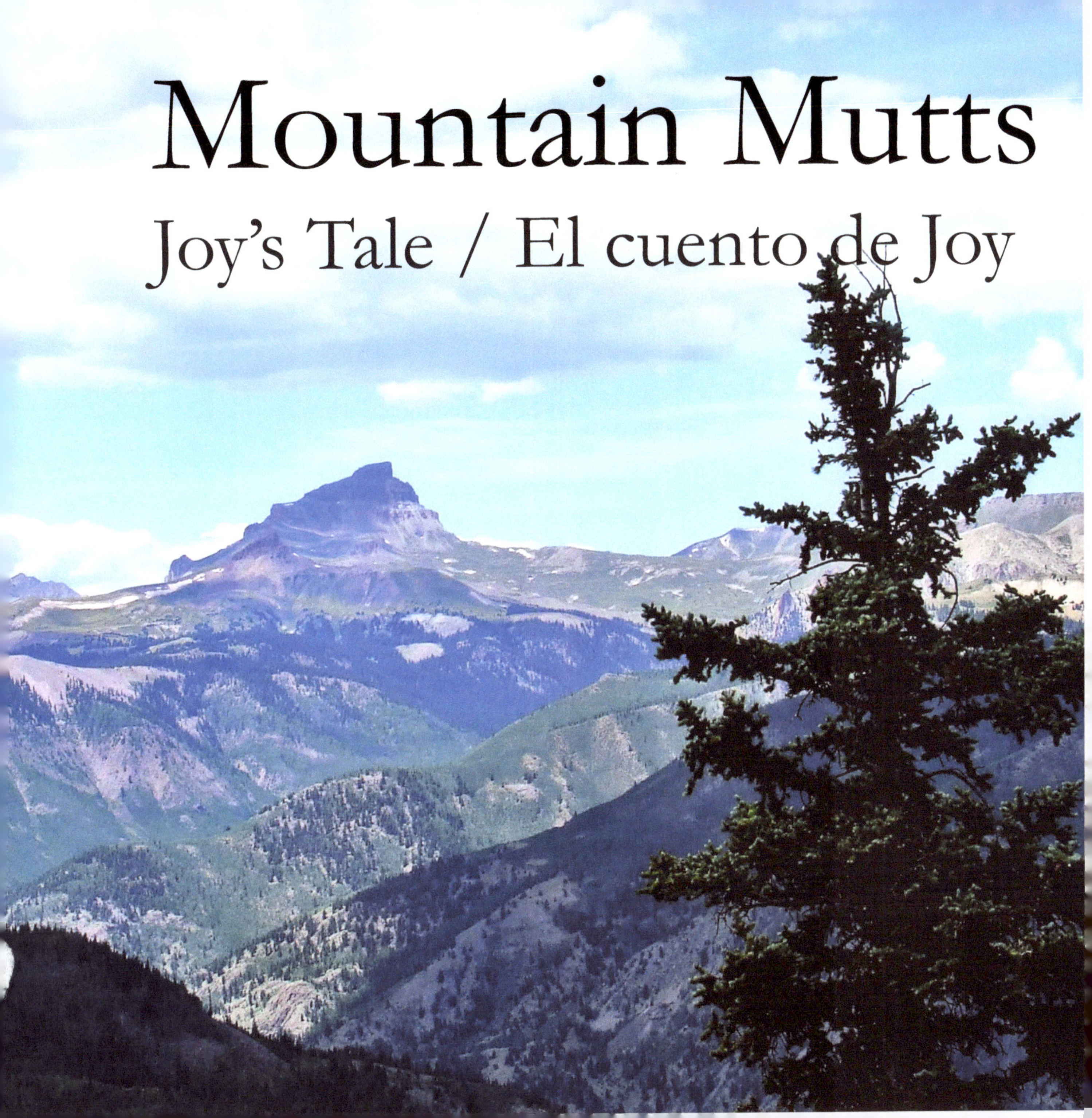

For our beloved children
David and Elizabeth
and dog lovers everywhere.

"God will prepare everything for our perfect happiness in heaven,
and if it takes my dog being there, I believe he'll be there."
Billy Graham

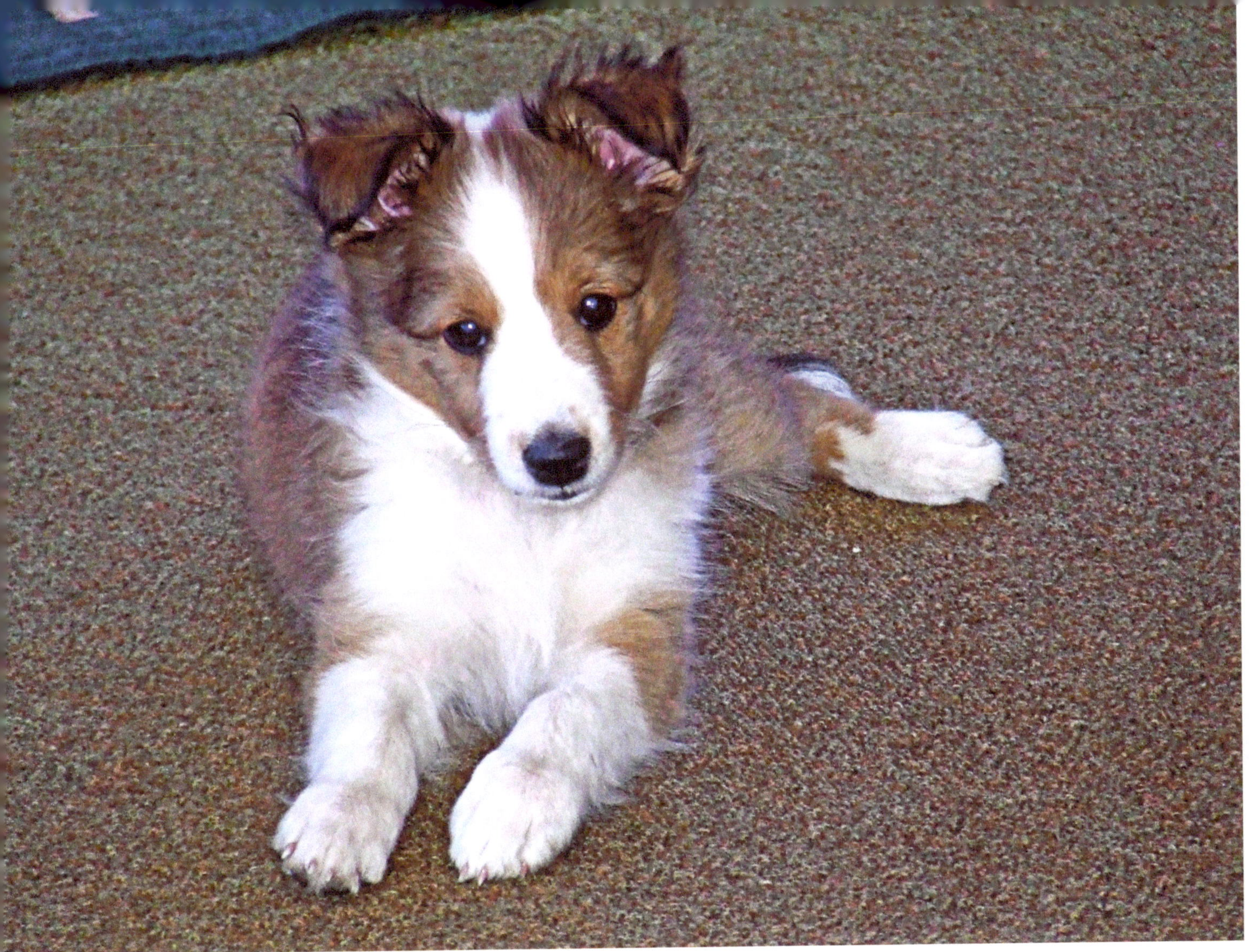

Mountain Mutts
Joy's Tale / El cuento de Joy

Story and Photographs by / Historia y Fotografías por

Julie A R Stephens

Once there were two friends who
loved each other very much.

Winter was older.

Spring was bigger.

Winter was the leader.

Spring was the follower.

∴∴∴

Había una vez dos amigas que se
querían mucho.

Winter era más viejo,

Spring era más grande.

Winter era la líder.

Spring la seguidora.

Wherever Winter went, Spring
followed.

Spring did not remember a time
when her beloved friend was not
right there.

∴∴∴

Dondequiera que iba Winter,
le seguía Spring.

Spring no recordaba un momento
en que su amada amiga no
estuviera allí mismo.

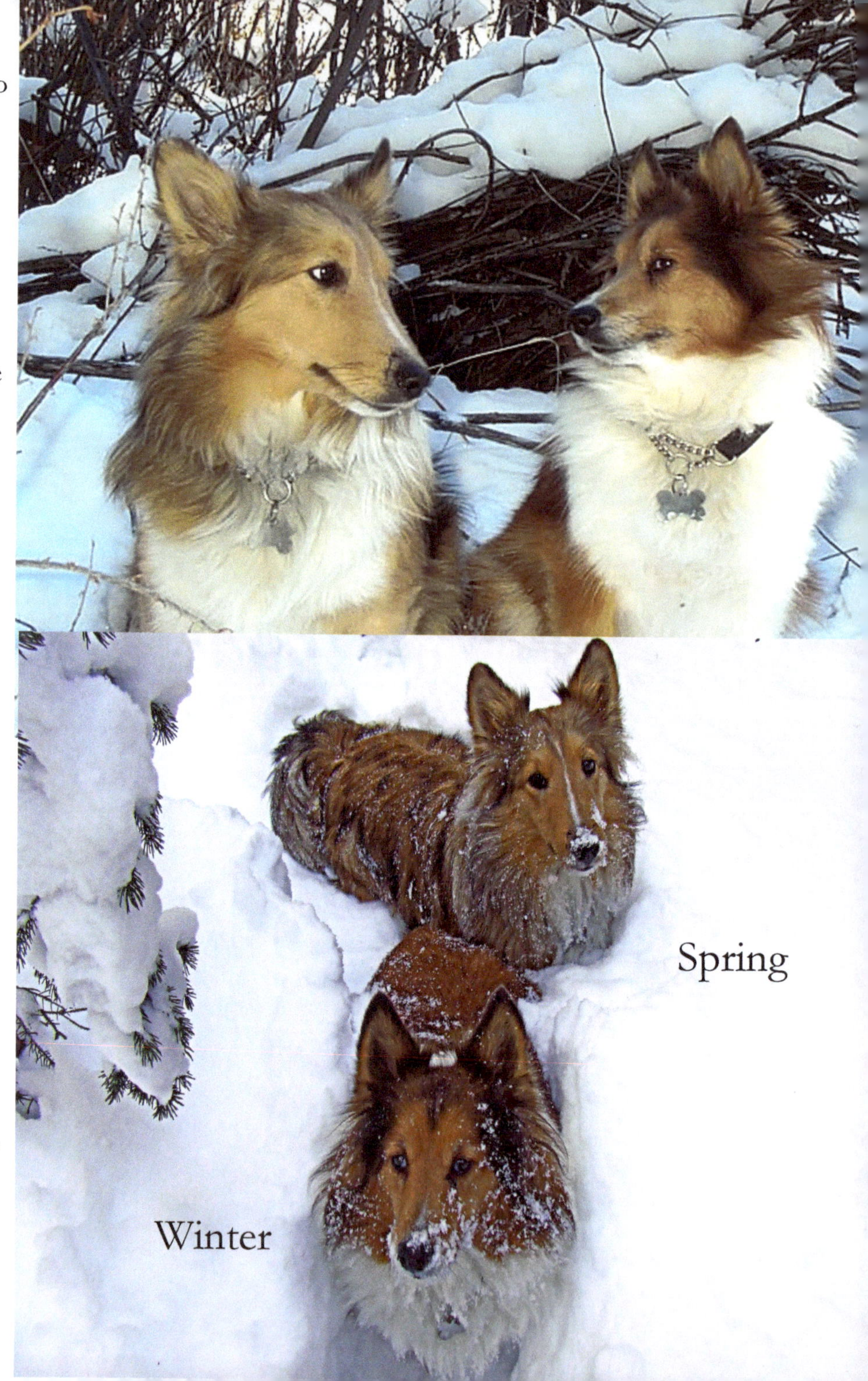

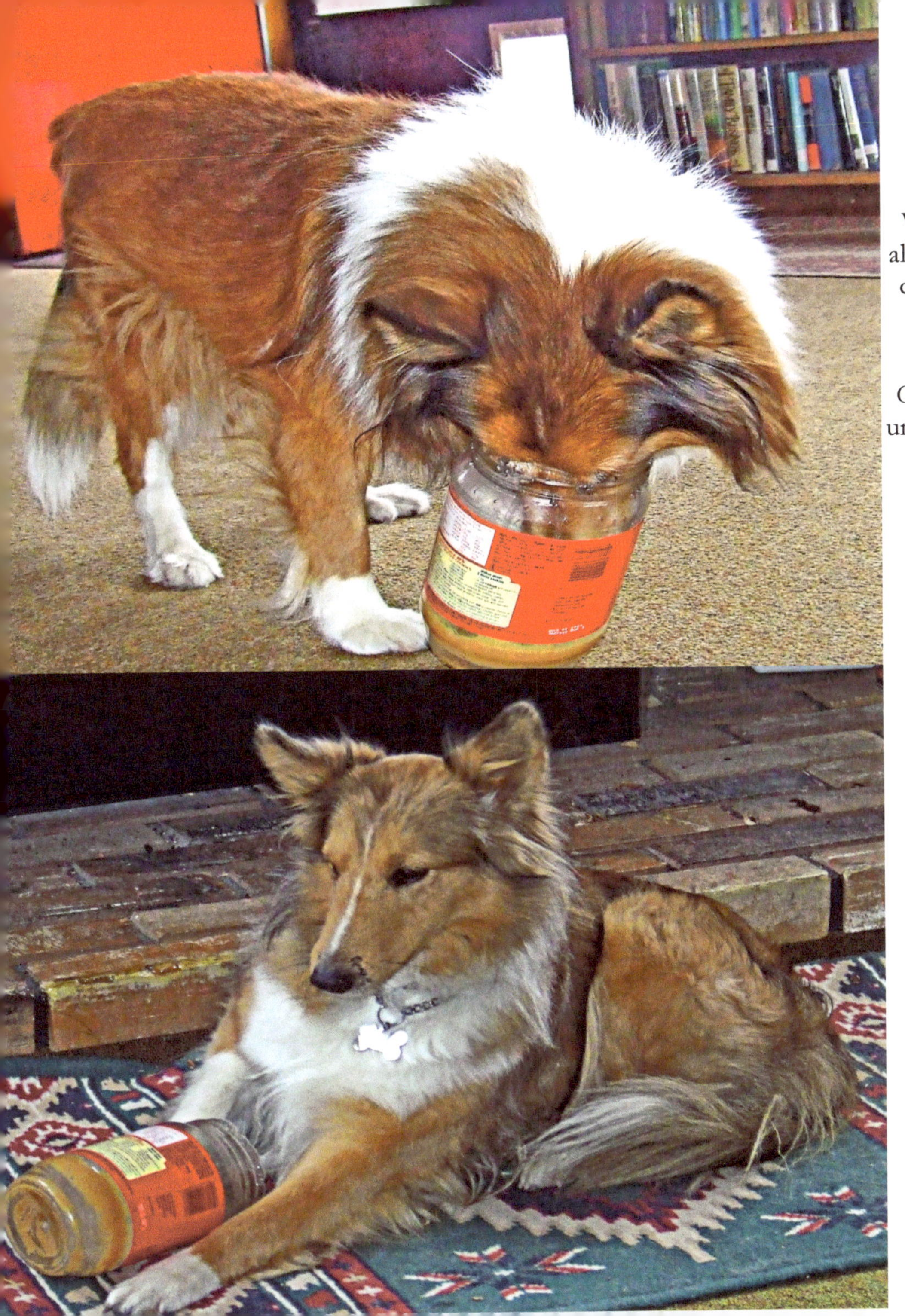

When Winter thought an
almost empty peanut butter
container was delicious…

⁜

Cuando Winter pensó que
un recipiente de mantequilla
de maní casi vacío
era delicioso...

…Spring wanted to try it
too.

⁜

…Spring también quería
probarlo.

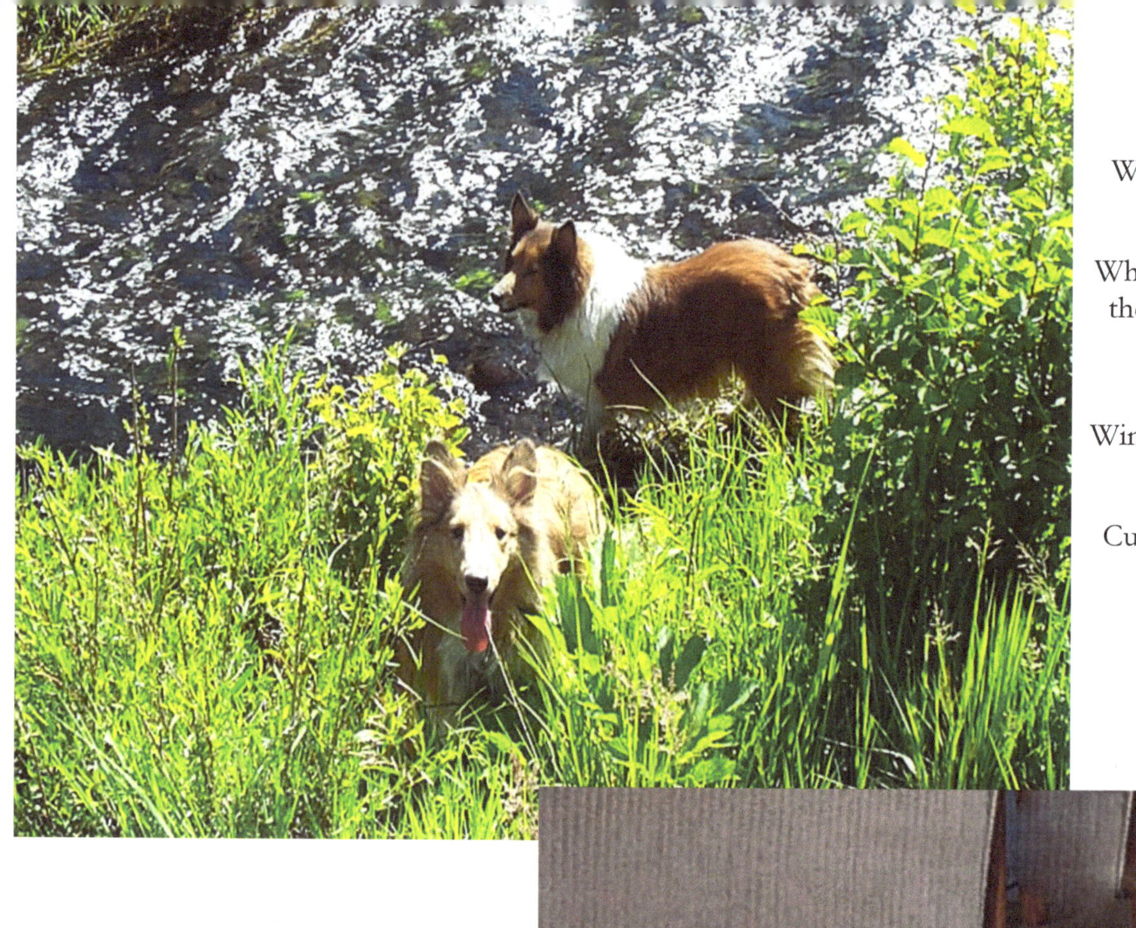

Winter and Spring played frequently.

When Winter went down to the river, Spring followed.

⁝⁝⁝

Winter y Spring jugaban con frecuencia.

Cuando Winter bajó al río, Spring lo siguió.

Spring was so contented, so happy to snuggle with her friend Winter.

⁝⁝⁝

Spring estaba tan contenta, tan feliz de acurrucarse con su amiga Winter.

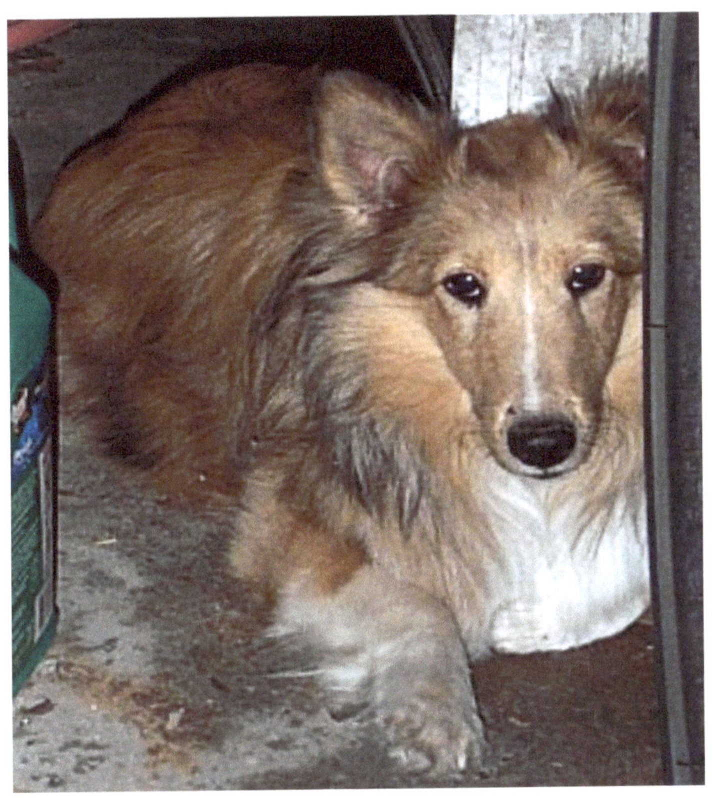

Spring was sad. She felt miserable. Winter was Spring's dearest friend, and Winter was gone. Spring was despondent.

Spring didn't have an appetite or energy to do anything. She didn't want an almost empty peanut butter container. She didn't want to play by the river. She missed snuggling with her friend.

The whole house was hushed with big sighs and tears. When Winter died, it was a sad, sad time for the whole family.
Day after day there was no joy.

Spring estaba muy triste. Se sintió miserable. Winter era la amiga más querido de Spring, y Winter se había ido. Spring estaba abatida.

Spring no tenía apetito ni energía para hacer nada. No quería un recipiente de mantequilla de maní casi vacío. Ella no quería jugar junto al río. Extrañaba acurrucarse con su amiga.

La casa entera estaba en silencio con grandes suspiros y lágrimas. Cuando Winter murió, fue un momento muy triste para toda la familia.
Día tras día no había alegría.

After a long time, the family couldn't cry or be
sad anymore.
A puppy is what they needed.

The puppy's name will be Joy.
Yes! Joy is what the family needs.

Después de mucho tiempo, la familia ya no
podía llorar ni estar triste.
Un a cachorra es lo que necesitaban.

La cachorra se llamará Joy.
¡Sí! es lo que necesita la familia.

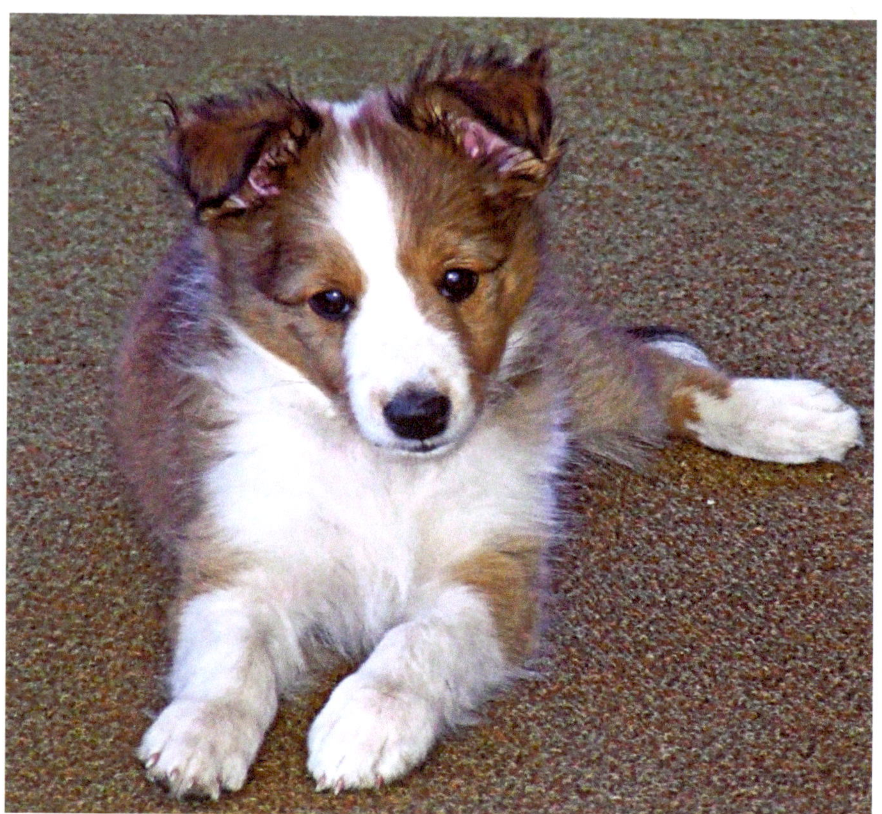

This is Joy.

Esta es Joy.

She is a little, tiny puppy with an
enormous responsibility. Spring needs her.

What Joy doesn't know yet, is that she
needs Spring, too.

Es una cachorrita diminuta con una
enorme responsabilidad.
Spring la necesita.

Lo que Joy aún no sabe es que ella
también necesita a Spring.

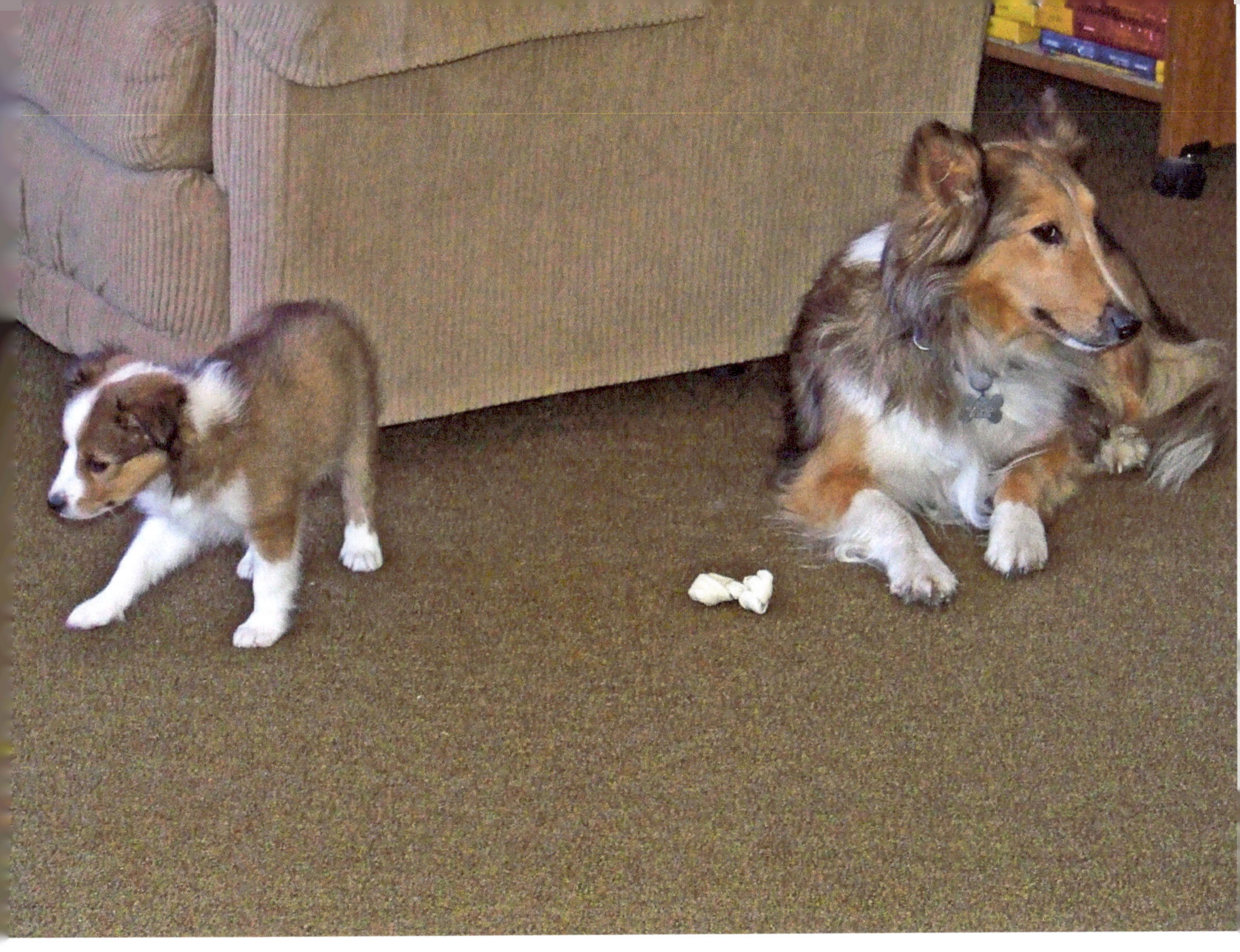

Joy tries to get Spring's attention. Spring ignores the puppy.	Joy intenta llamar la atención de Spring. Spring ignora a la cachorra.
"Here, Spring! Here's my chew bone for you. Don't you like it? Take it Spring! It is great for chewing.	"¡Aquí, Spring! Aquí está mi hueso que puedes masticar. ¿No te gusta? ¡Tómalo Spring! Es muy bueno para masticar.
All right, I'll go away and leave you alone."	Está bien, me iré y te dejaré sola.

Spring is silent.
She does not want Joy close to her.

Spring remembers playing with her friend Winter.

She sighs. Spring is too sad to play with Joy.

Spring está silenciosa.
Ella no quiere a Joy cerca de ella.

Spring recuerda haber jugado con su amiga Winter,
ella suspire.

Spring está demasiado triste para jugar con Joy.

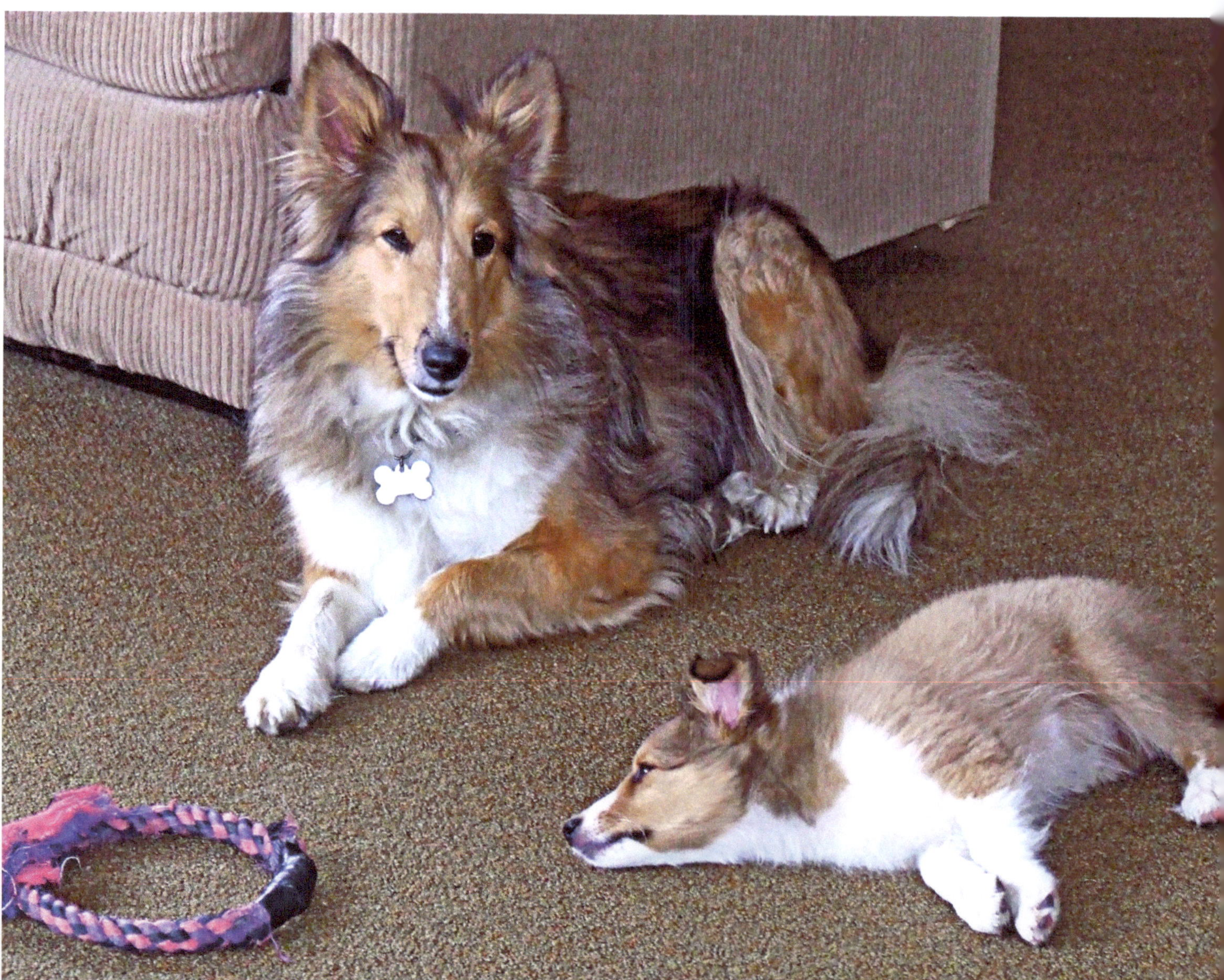

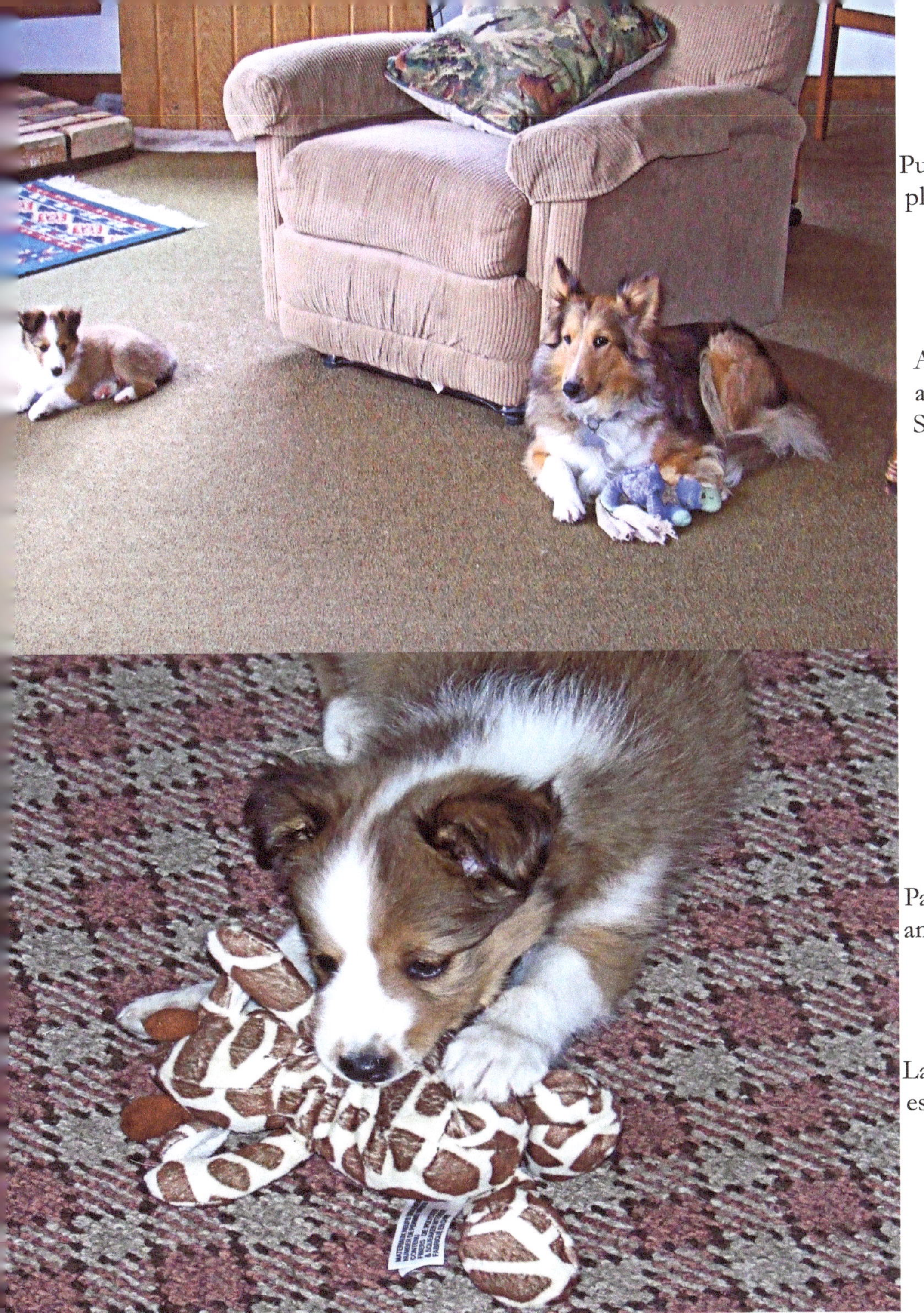

Puppies like to snuggle and play, but Spring is still sad.

Joy is left alone.

÷÷÷

A los cachorros les gusta acurrucarse y jugar, pero Spring todavía está triste.

Joy se queda sola.

Patient Joy plays by herself and waits for Spring to feel better.

÷÷÷

La paciente Joy juega sola y espera que Spring se sienta mejor.

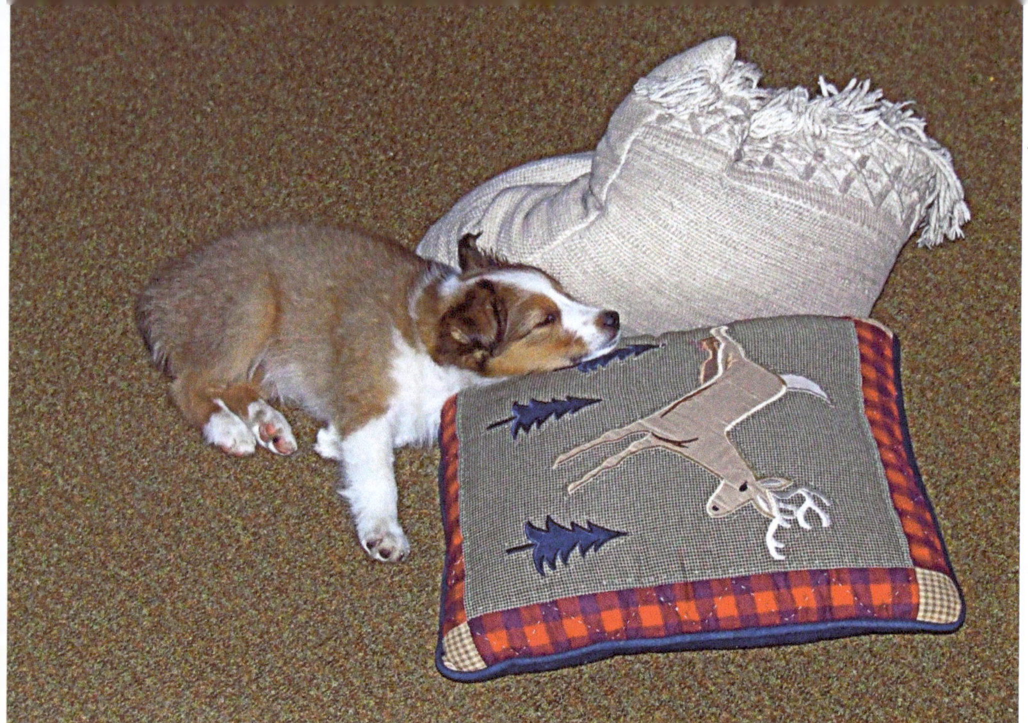

Joy is a baby dog, and babies need a lot of sleep.

Joy naps everywhere by herself and waits for Spring to be her friend.

÷÷÷

Joy es una perrita y los bebés necesitan dormir mucho.

Joy duerme sola en todas partes y espera que Spring sea su amiga.

Joy waits and waits.

She plays alone.

She naps alone.

Joy waits.

Joy waits all alone.

÷÷÷

Joy espera y espera.

Ella juega sola.

Ella duerme la siesta sola.

Joy espera.

Joy espera sola.

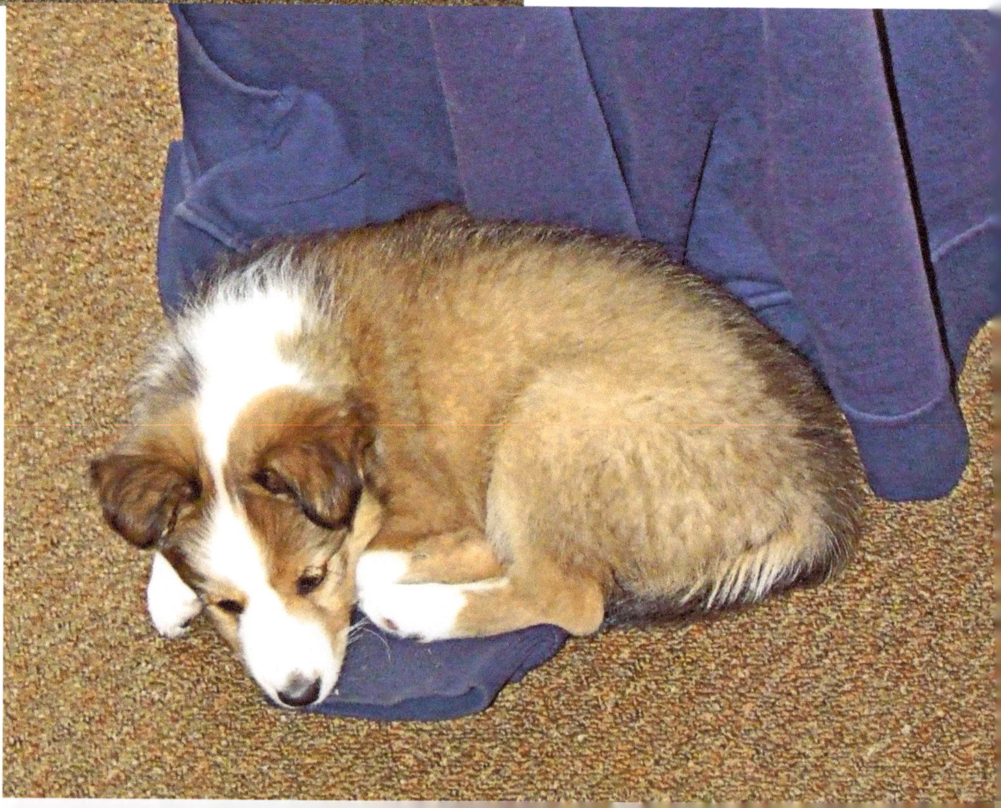

One day, Joy curls up to take a nap
next to Spring.

Spring doesn't move away!

Un día, Joy se acurruca para tomar
una siesta junto a Spring.

¡Spring no se aleja!

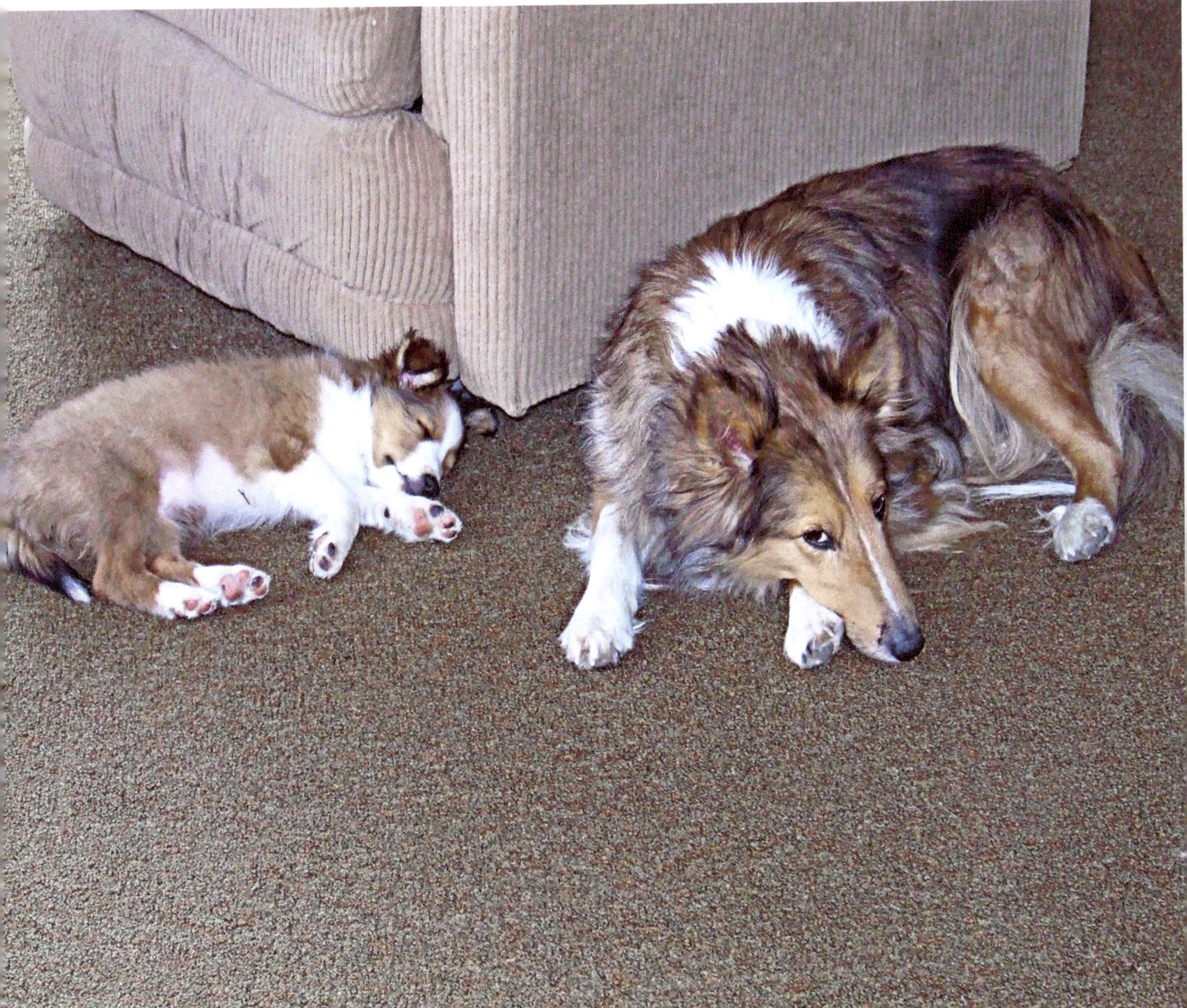

It's a new day
in the mountains!

÷÷÷

¡Es un nuevo día
en las montañas!

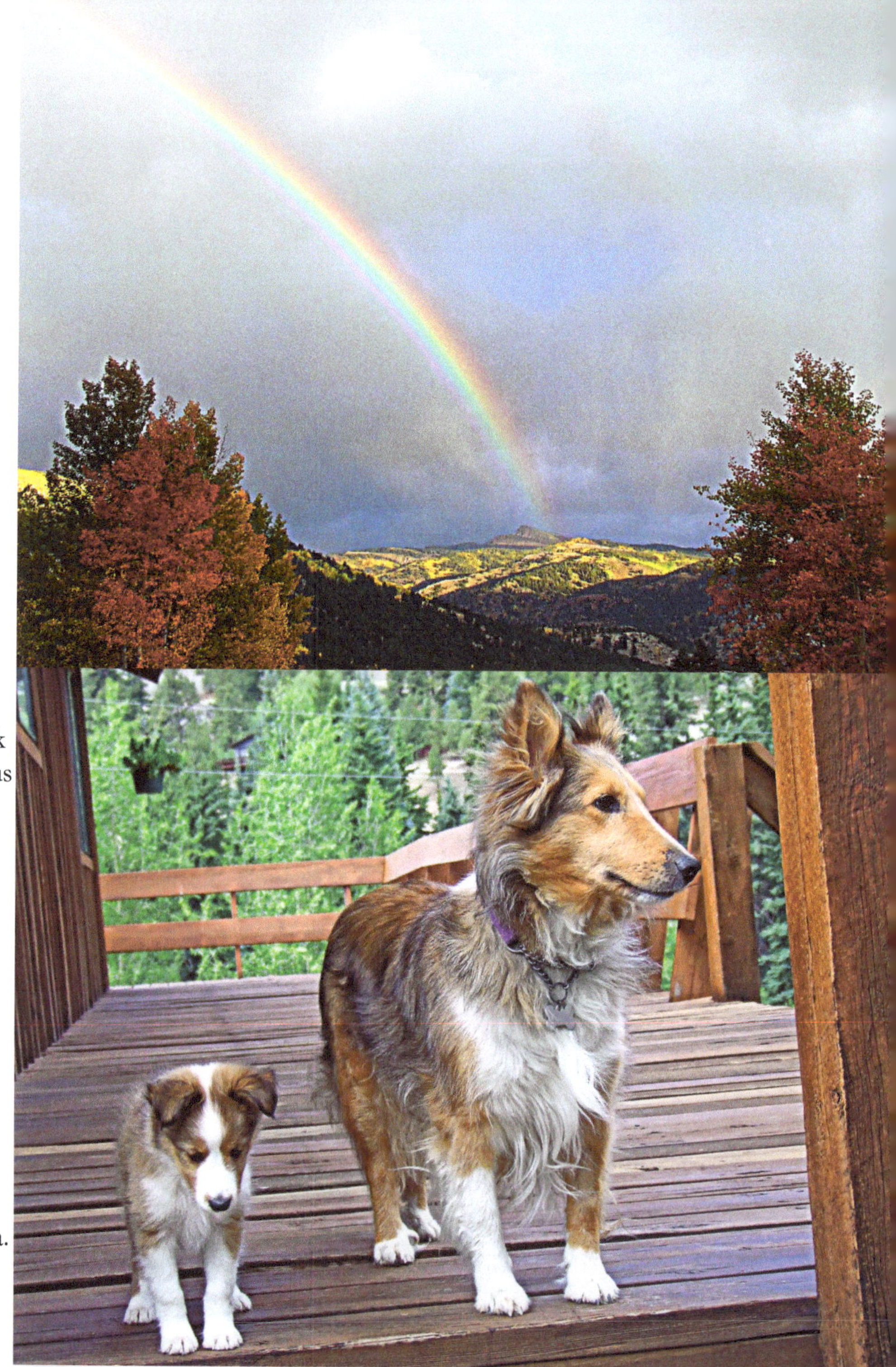

Spring walks out onto the deck
and contemplates the marvelous
possibilities of the new day!

Joy is concerned about the
stairs.
This is high for a little puppy.

÷÷÷

¡Spring sale a la terraza y
contempla las maravillosas
posibilidades del nuevo día!

Joy está preocupada por las
escaleras.
Esto es alto para una cachorrita.

"Come on, Joy! You can do it!
There is a lot of exploring for us to do." ┊ "¡Vamos, Joy! ¡Puedes hacerlo!
Hay mucho que explorar para nosotros".

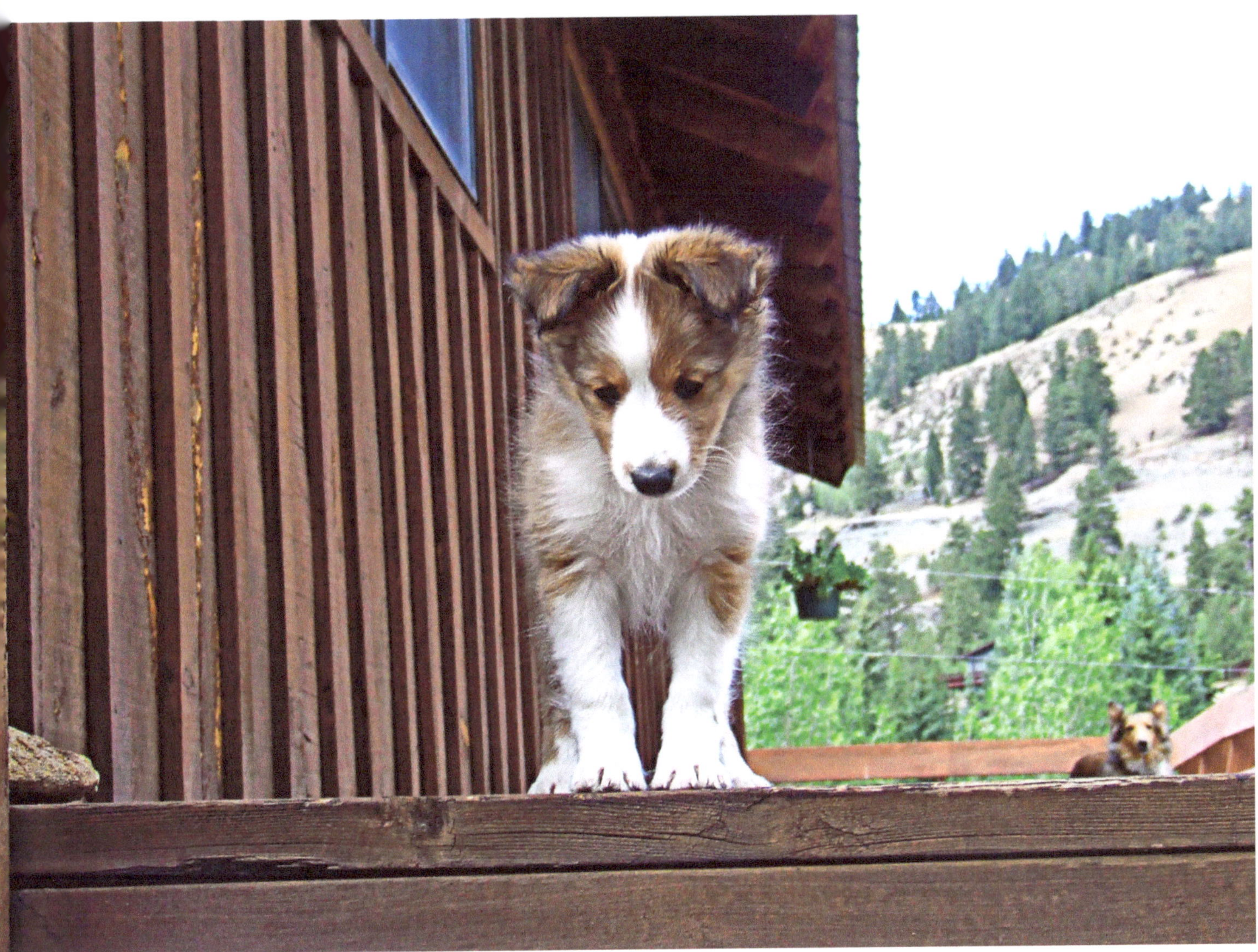

Spring runs off,
expecting her little
companion to follow. ┊ Spring sale corriendo,
esperando que su pequeña
compañera la siga.

"I did it! I did it by myself!" ÷ "¡Lo hice! ¡Lo hice sola!"

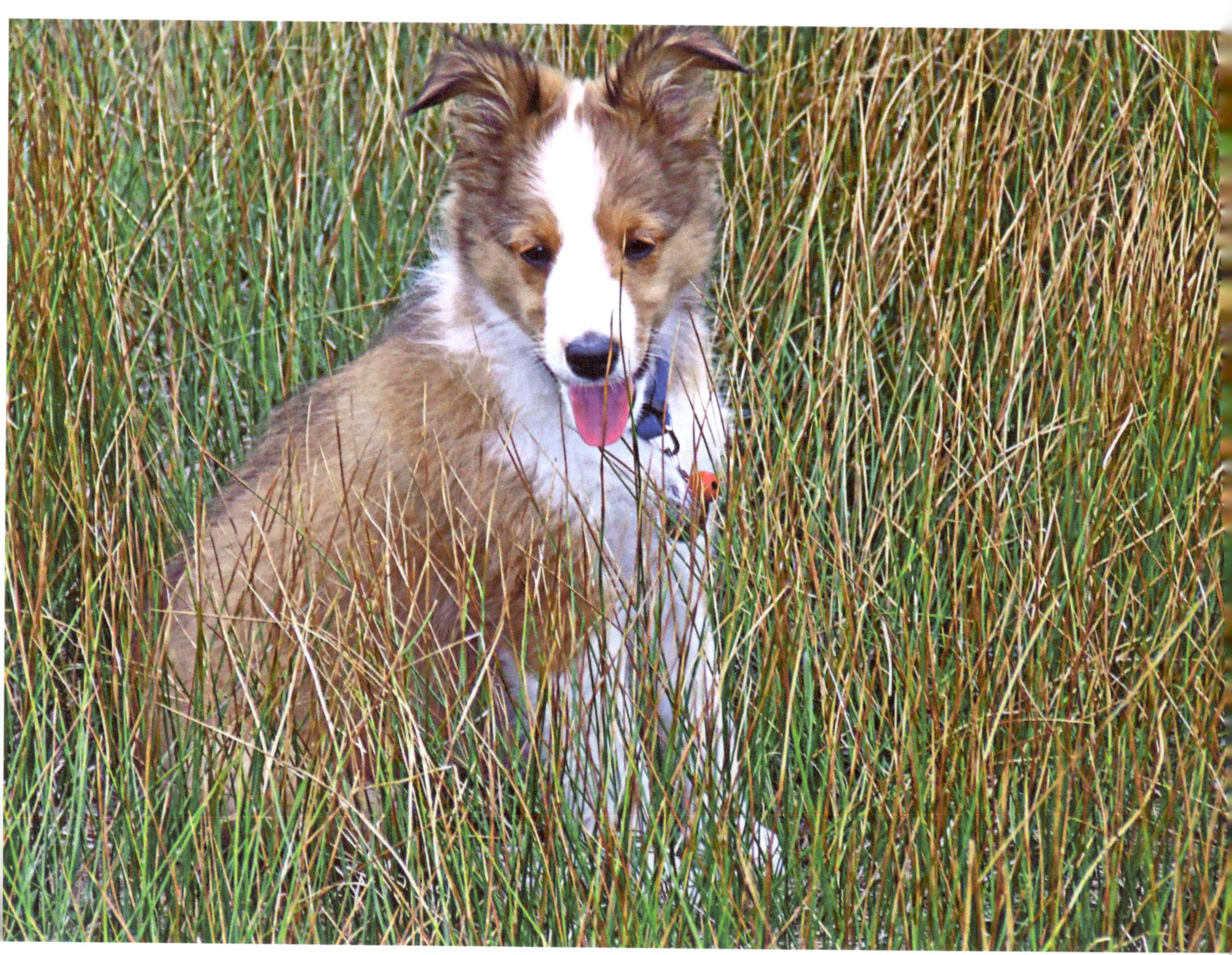

"What a great feeling!
Yea! I went down the high stairs." ÷ "¡Qué gran sensación!
¡Sí! Bajé las escaleras altas.

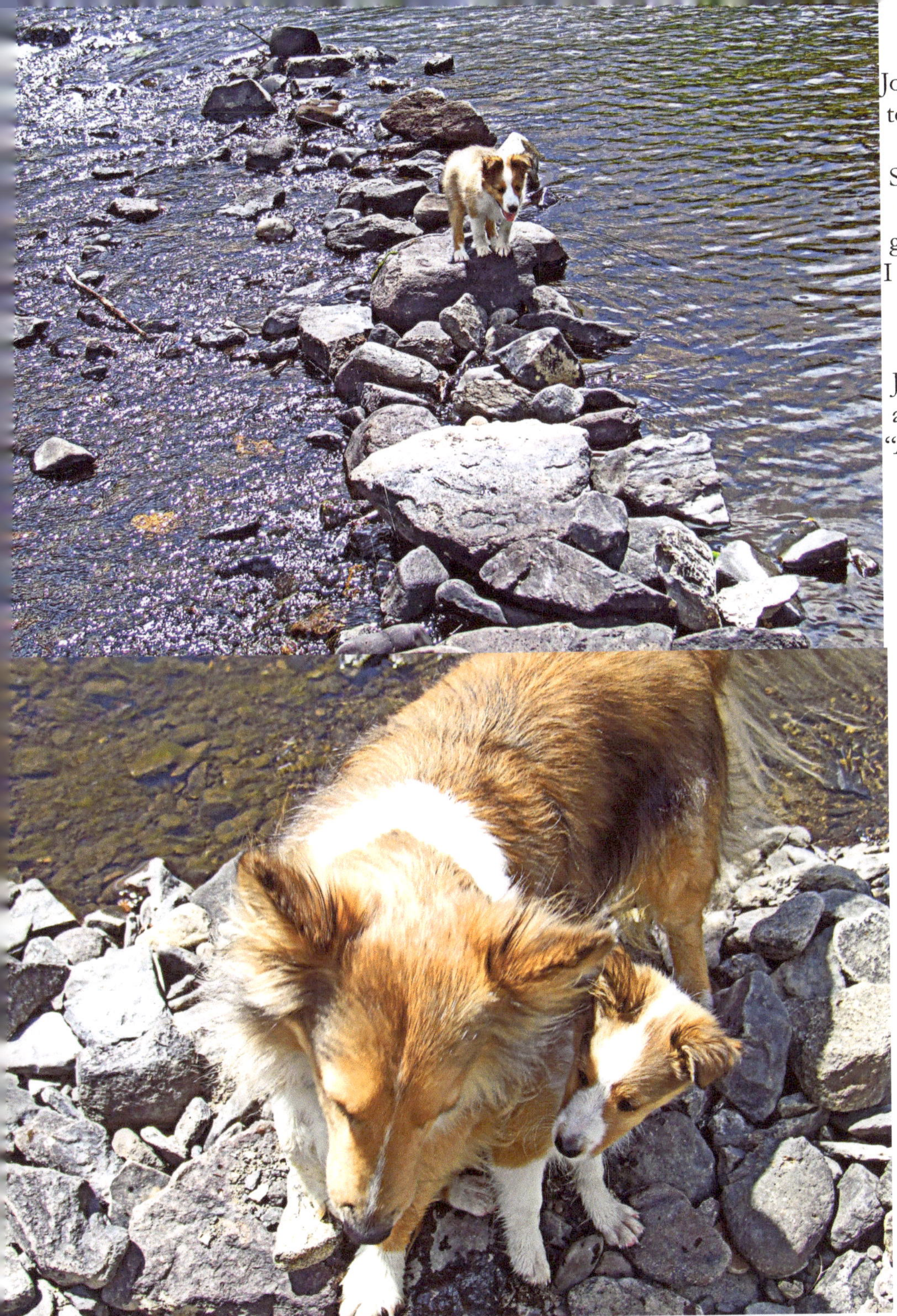

Joy saw Spring heading down to the river and ran after her friend. "Now where did Spring go? Spring isn't here. Oh my! What a mess I've gotten myself into! How do I get back on the soft grass?"

÷∴÷

Joy vio que Spring se dirigía al río y corrió tras su amiga. "Ahora, ¿a dónde fue Spring? Spring no está aquí. ¡Ay! ¡En qué lío me he metido! ¿Cómo vuelvo a la hierba blanda?

"Spring!

My friend!

My hero!"

÷∴÷

"¡Spring!

¡Mi amiga!

¡Mi héroe!"

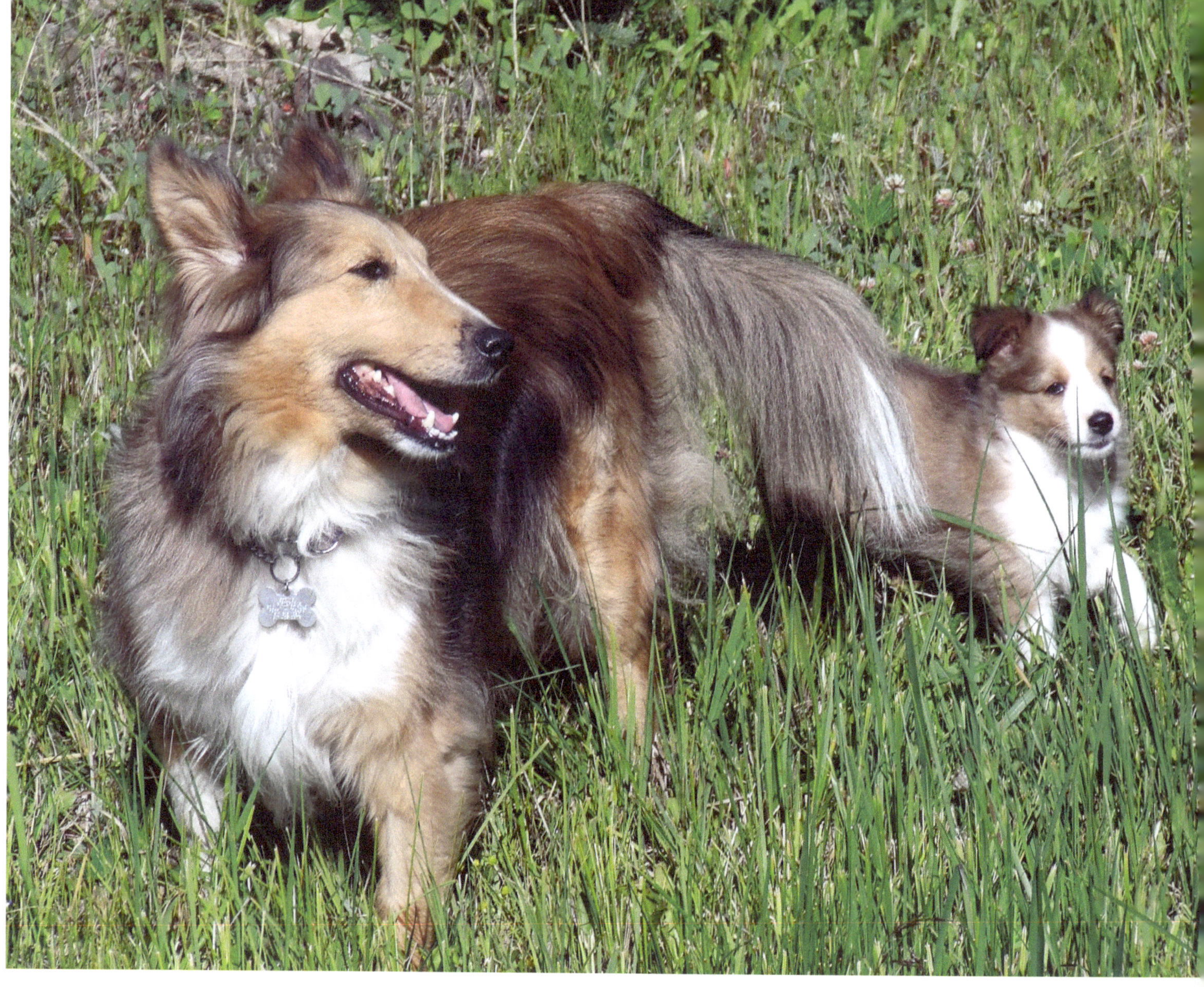

Spring smiles!

Spring and Joy run and play
together in the grass.

¡Spring se sonríe!

Spring y Joy corren y juegan
juntas en el césped.

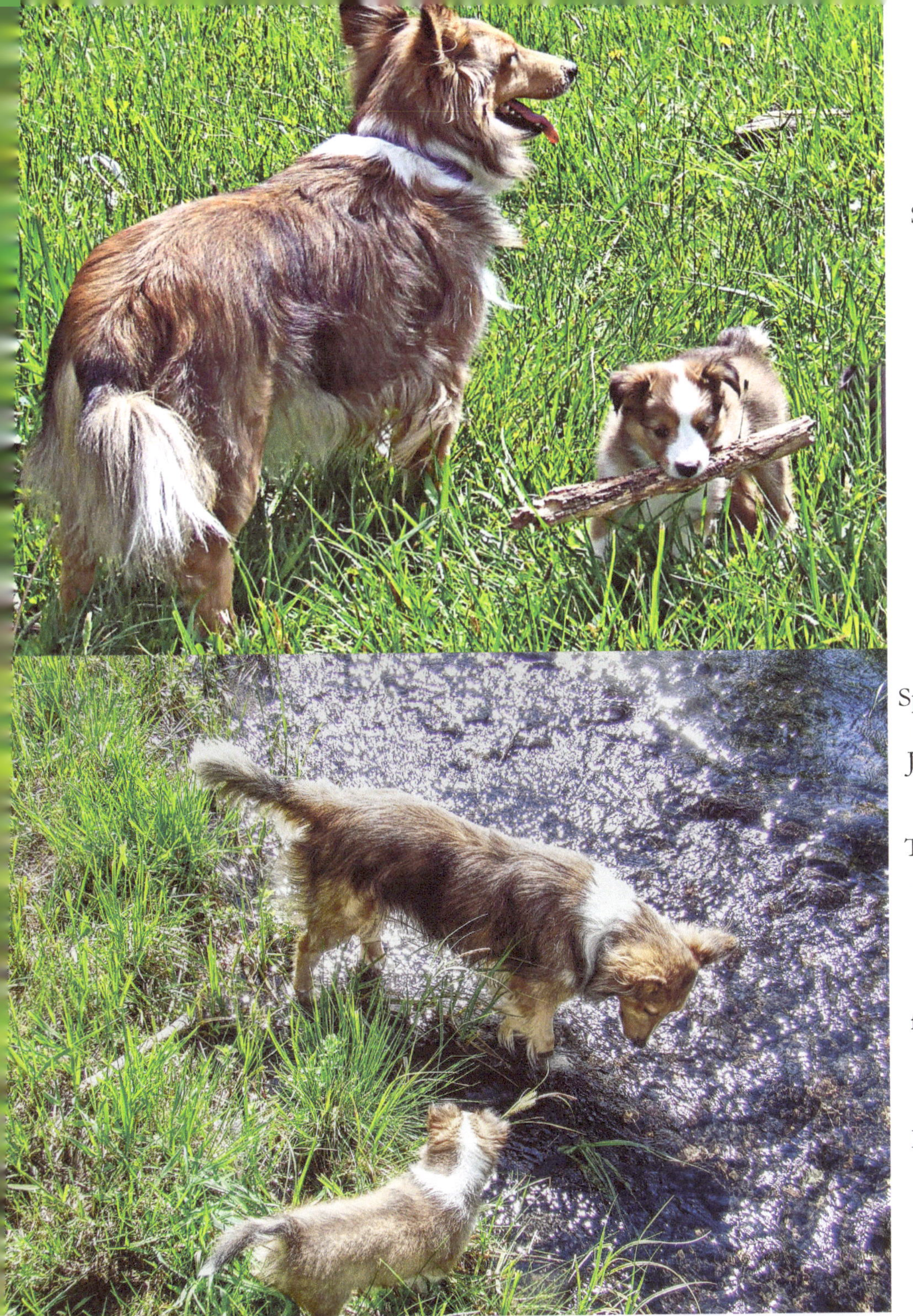

Spring shows Joy how to
fetch a stick.

⁘

Spring le muestra a Joy
cómo buscar un palo.

Spring prances down to her
favorite place and shows
Joy how to get a drink out
of the river.

The cool water is delicious
after chewing a dry stick.

⁘

Spring salta a su lugar
favorito y le muestra a Joy
cómo beber agua del río.

El agua fresca es deliciosa
después de masticar un
palo seco.

The dogs wag their tails the way dogs
do when they are happy!

÷÷÷

¡Los perros mueven la cola como lo
hacen los perros cuando están felices!

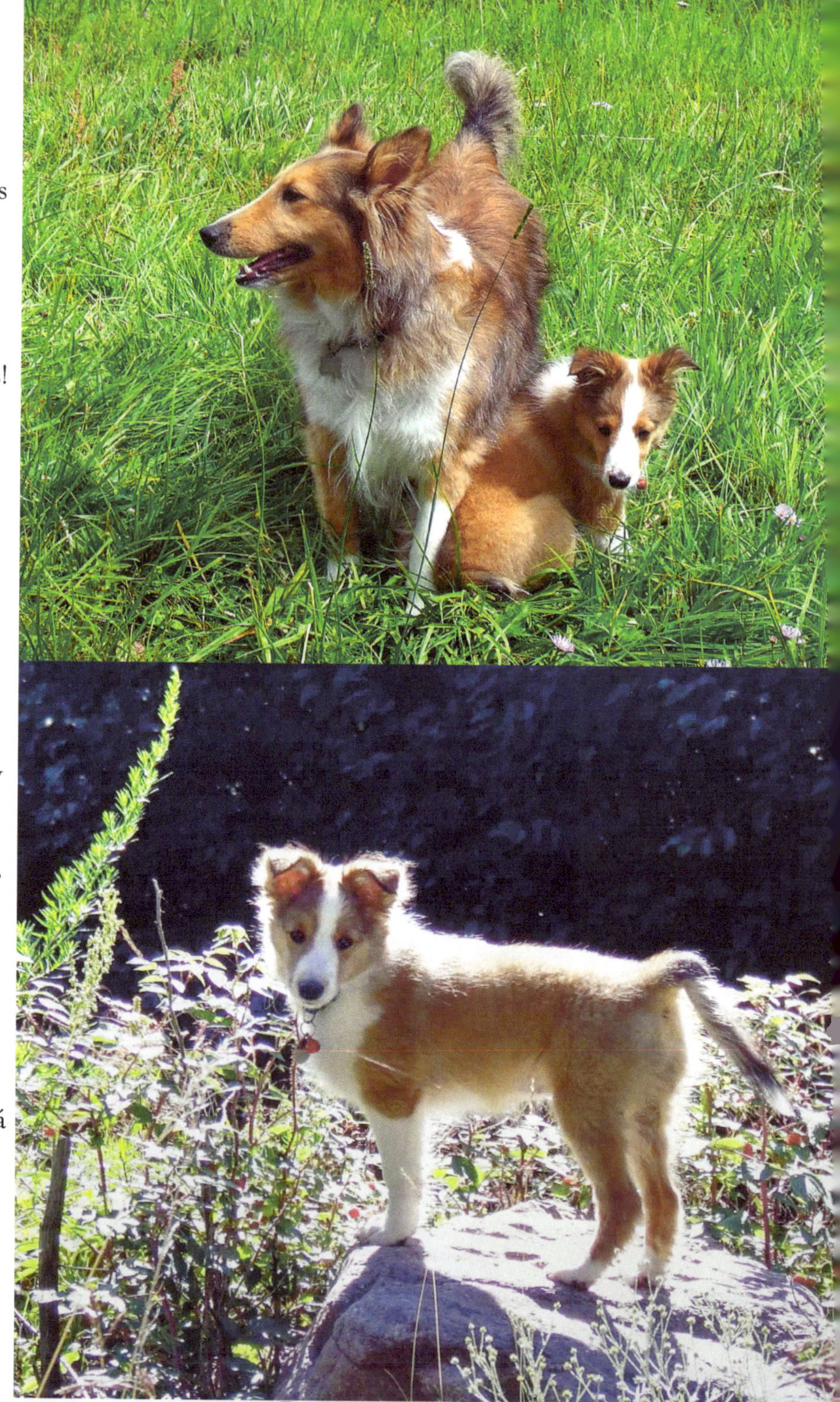

Joy does not know it, but she has a
broken tail. She was born that way.

Her tail will not straighten all the way
out, or wag like most dogs.

Some would consider this a problem,
but Spring and Joy do not pay any
attention to Joy's bent tail.

÷÷÷

Joy no lo sabe, pero tiene la cola rota.
Ella nació así. Su cola no se
enderezará por completo ni se moverá
como la mayoría de los perros.
Algunos considerarían esto un
problema, pero Spring y Joy no
prestan atención
a la cola doblada de Joy.

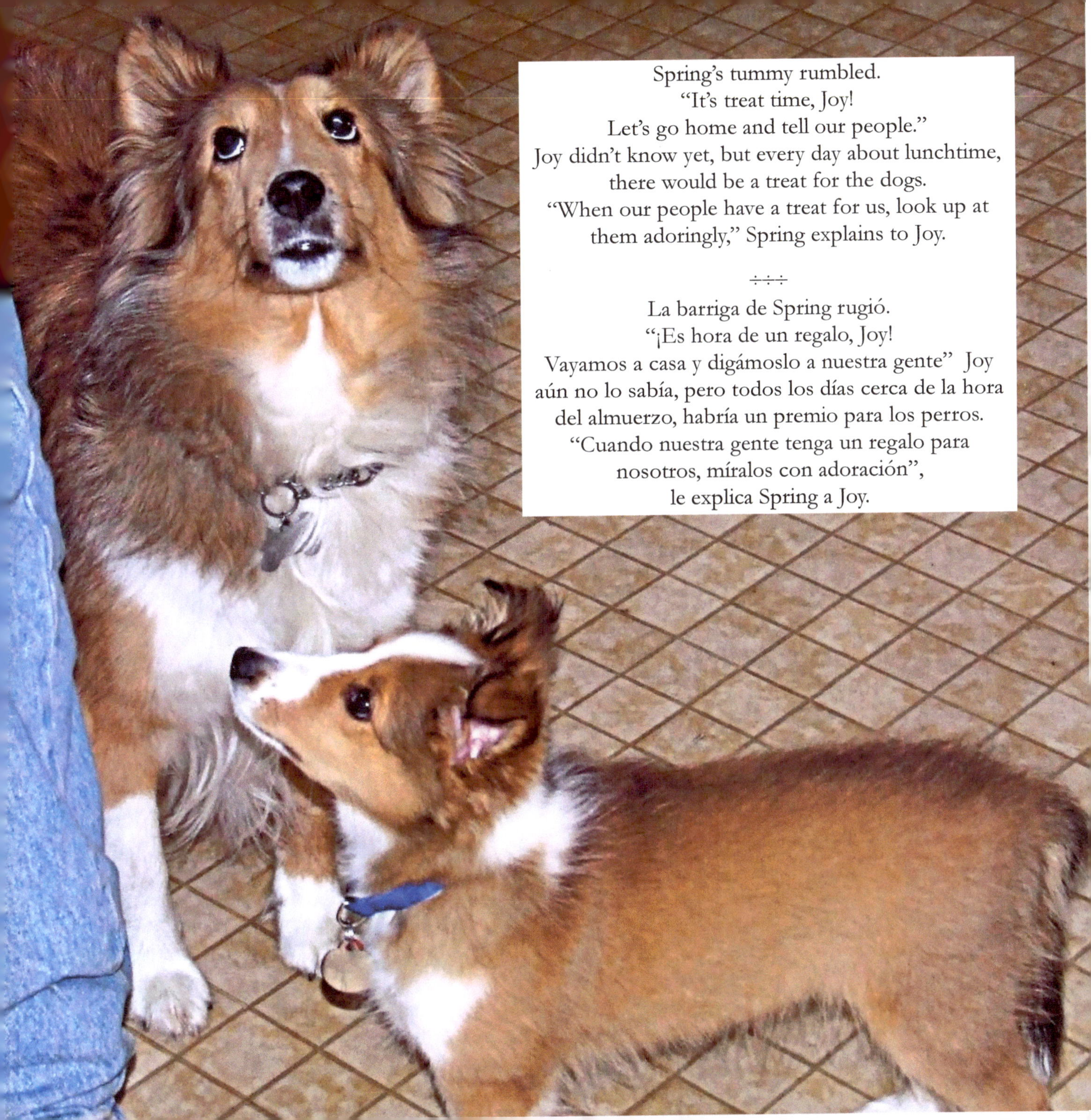

Spring's tummy rumbled.
"It's treat time, Joy!
Let's go home and tell our people."
Joy didn't know yet, but every day about lunchtime,
there would be a treat for the dogs.
"When our people have a treat for us, look up at
them adoringly," Spring explains to Joy.

⫶⫶⫶

La barriga de Spring rugió.
"¡Es hora de un regalo, Joy!
Vayamos a casa y digámoslo a nuestra gente" Joy
aún no lo sabía, pero todos los días cerca de la hora
del almuerzo, habría un premio para los perros.
"Cuando nuestra gente tenga un regalo para
nosotros, míralos con adoración",
le explica Spring a Joy.

After treat time, the friends decide
to take a nap together.
It is a peaceful time; filled with joy.

Después de la hora de jugar, los amigas
deciden tomar una siesta juntas.
Es un momento tranquilo, lleno de alegría.

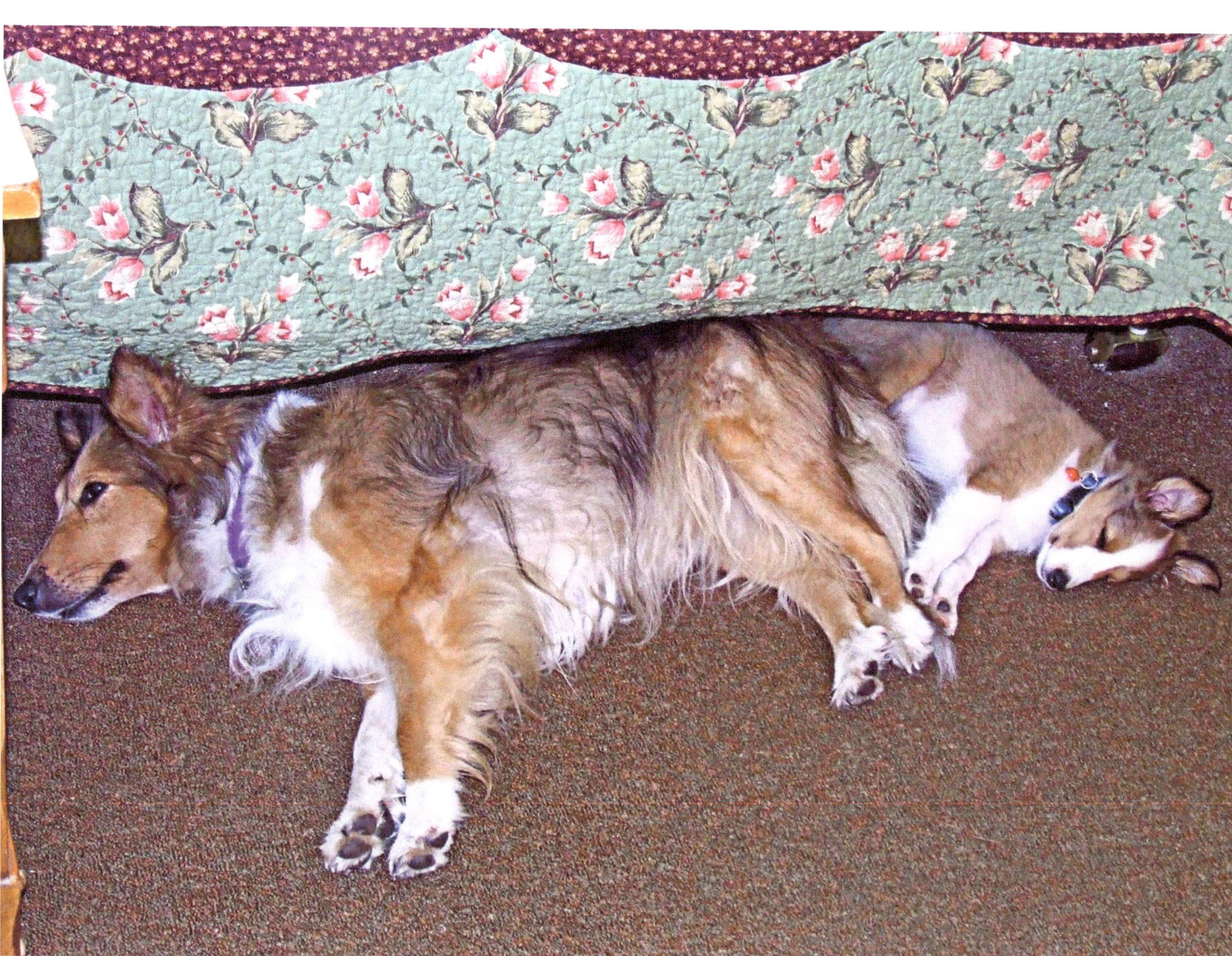

This story is just beginning.

Esta historia apenas comienza.

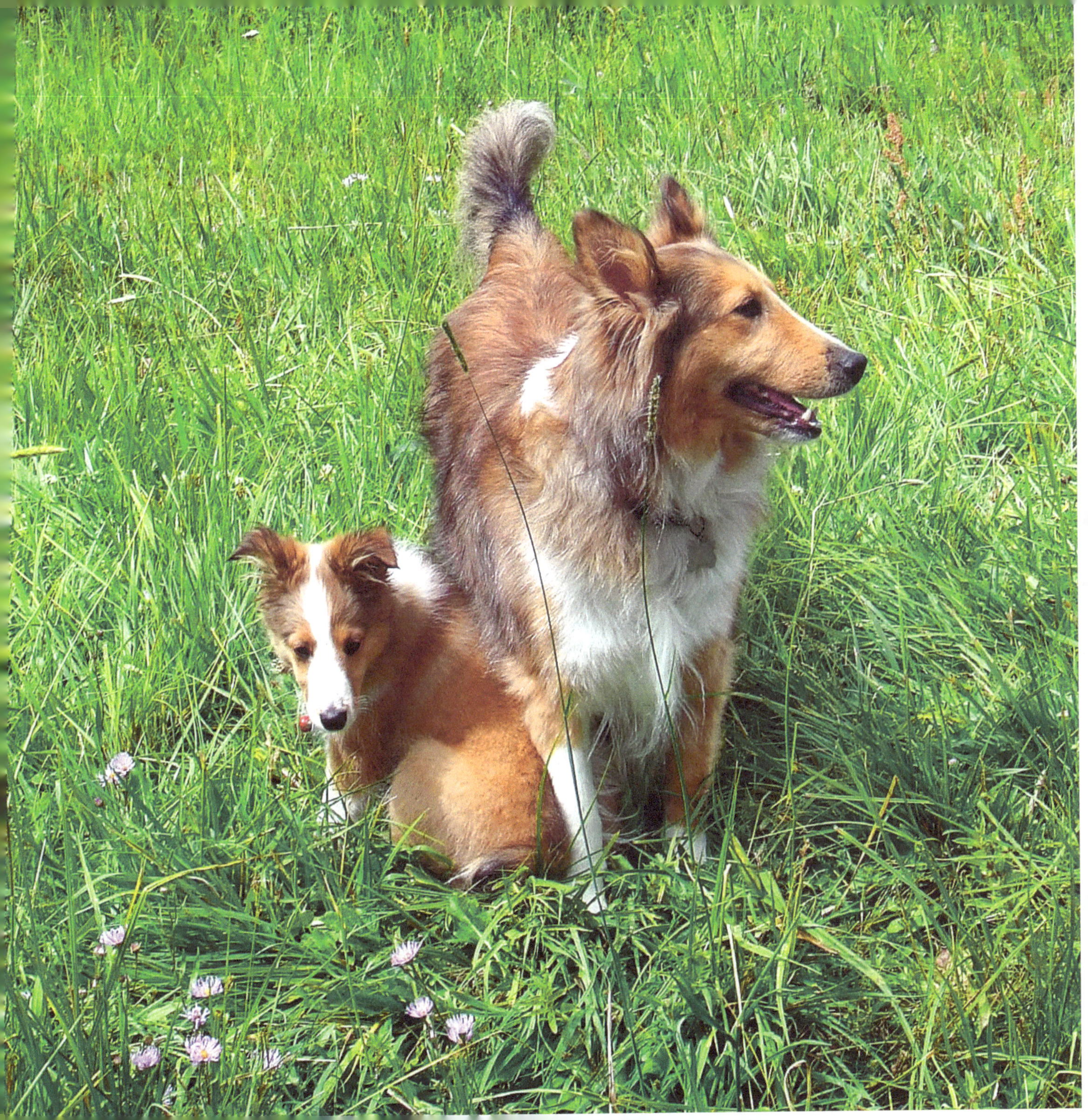

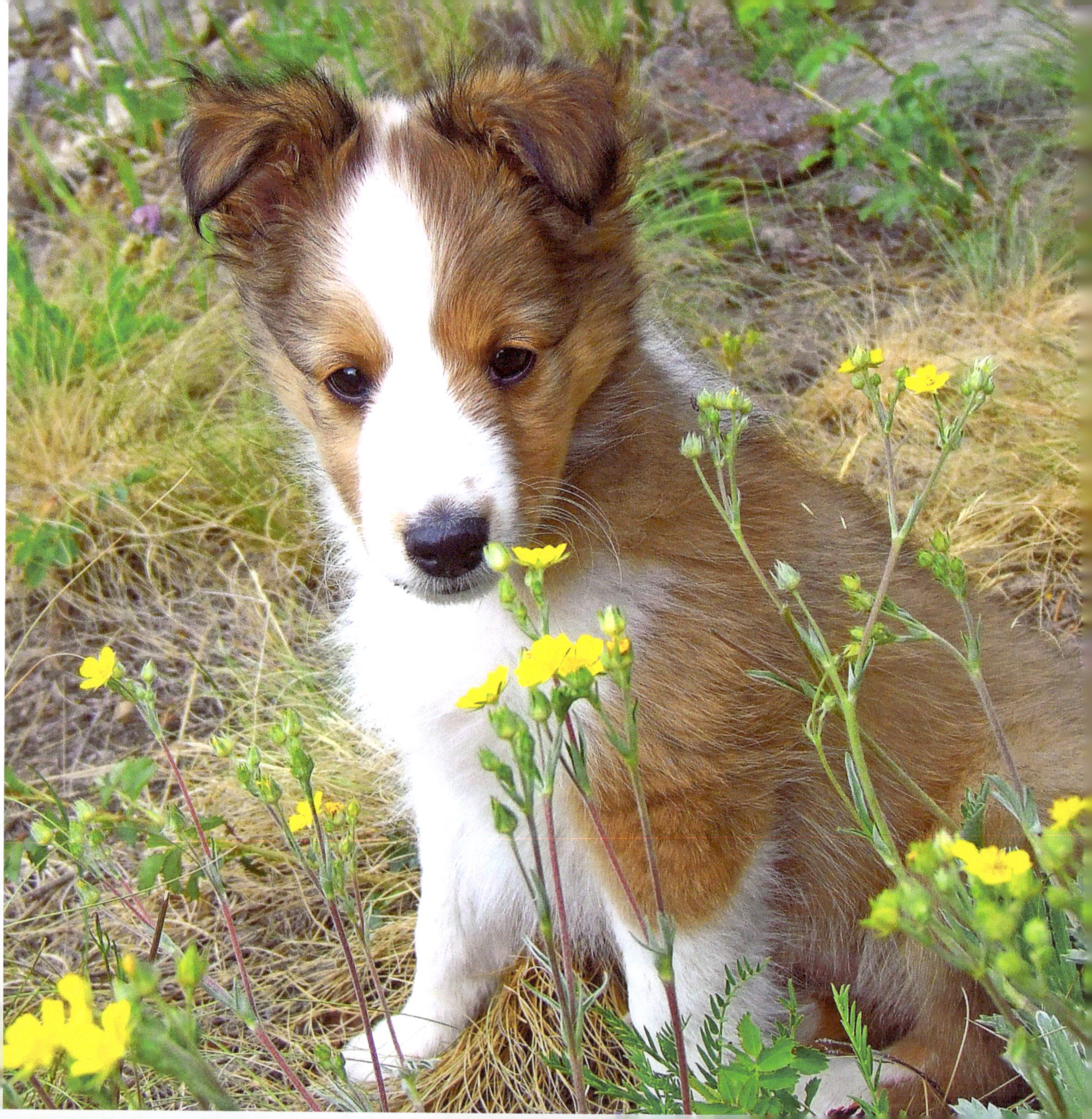

About The Author
Sobre La Autora

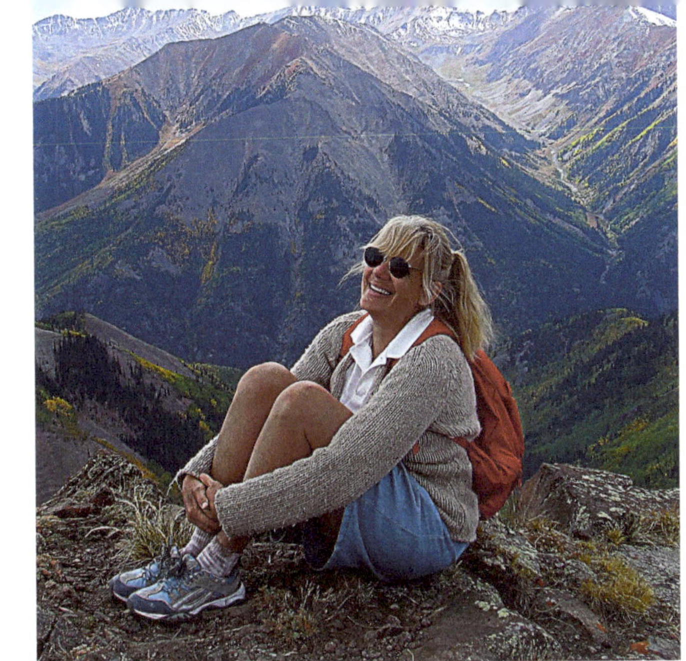

Though born below sea level in New Orleans, Julie now lives in the most remote area of the lower 48 states with her husband and their dogs at 9,000 feet above sea level. She is an award-winning photographer and writer with her newspaper column "Life From My View" and her picture book:
Mountain Mutts – Joy's Tale.

Julie has a BFA in theater, has performed in community theater and a television commercial. She also has a Master's in Education and has taught just about every level from preschool to graduate school. She and her husband have a grown son and daughter and four grandchildren.

The Stephens delight in daily living with nature and walking the mountains with their dogs. Julie spends most of her unscheduled days reading, writing, and walking with her camera in hand.

"The most precious gift we can give one another is letting them know they matter."   Julie A R Stephens

Aunque nació bajo el nivel del mar en Nueva Orleans, Julie ahora vive en el área más remota de los 48 estados con su esposo y sus perros a 9,000 pies sobre el nivel del mar. Es una fotógrafa y escritora galardonada con su columna de periódico "Life From My View" y su libro ilustrado: **Mountain Mutts - El cuento de Joy.**

Julie tiene un BFA en teatro, ha actuado en teatro comunitario y en un comercial de televisión. Ella también tiene una Maestría en Educación y ha enseñado casi todos los niveles, desde preescolar hasta la escuela de posgrado. Ella y su esposo tienen un hijo y una hija adultos y cuatro nietos.

Los Stephens disfrutan de la convivencia diaria con la naturaleza y de pasear por las montañas con sus perros. Julie pasa la mayor parte de sus días libres leyendo, escribiendo y caminando con su cámara en mano.

"El regalo más preciado que podemos darnos es hacerles saber que importan".   Julie A R Stephens

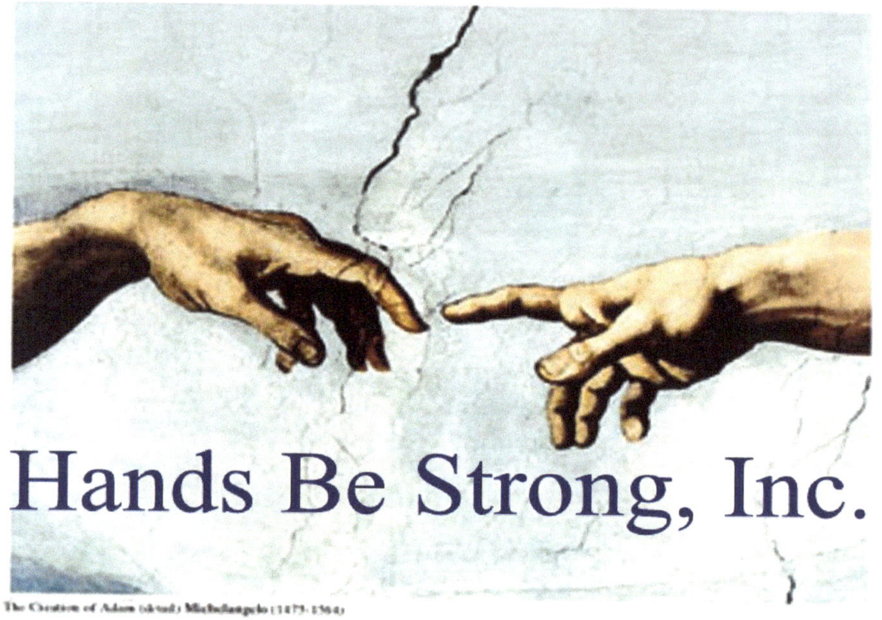

Una guía complementaria para el maestro de
Mountain Mutts - El cuento de Joy
está disponible para su descarga gratuita en
Julie-Stephens.com

A companion teacher's guide for
Mountain Mutts - Joy's Tale
is available for free download at
Julie-Stephens.com

Las preguntas o comentarios sobre este material
se pueden dirigir a:
support@handsbestrong.com

Questions or comments about this material
can be directed to:
support@handsbestrong.com

Sea la misericordia de Jehová nuestro Dios sobre
nosotros; prospera la obra de nuestras manos;
prospera nuestra obra. Salmo 90:17

May the graciousness of the LORD our God be
upon us; prosper the work of our hands;
prosper our handiwork.   Psalm 90:17